Terapeuten
– og mange andre digte

Digtsamling

HENRIK MØLGAARD

Terapeuten
– og mange andre digte

Digtsamling

© 2021 – Henrik Mølgaard
Forlag: BoD – Books on Demand, Hellerup, Danmark
Tryk: BoD – Books on Demand, Norderstedt, Tyskland
ISBN 978-87-4308-392-4

INDHOLDSFORTEGNELSE

FORORD

Velkommen til et lille indblik i min hjerne og mit sind. Du er hermed lukket ind.

Jeg håber du vil finde inspiration, få et grin eller to og blive animeret til tankevirksomhed, når du læser de kommende sider. Måske læser du et digt ad gangen over de kommende dage, måske alle sammen på én gang, fordi du bare ikke kan lade være 😊?

Digtene er meget forskellige og bevæger sig mellem det filosofiske, morsomme og til tider banale. De er skrevet fordi jeg havde lyst, og sommetider drevet af indignation, andre gange lykke, fordybelse, fortvivlelse, ønsket om at formidle tanker og præge verdens udvikling, inspiration fra andet kunst og hverdagens øvrige inspirationer.

Prøv måske at lege den leg, med nogle af dine venner eller familie, at I slår op på et vilkårligt digt, læser det højt og diskuterer hvad I hver især kommer til at tænke på. Måske slår I nogle af ordene eller begreberne efter, for potentielt derved, at få en yderligere udfoldet mening og diskussion?

Jeg havde indledningsvist den tanke, at nogle af digtene kunne illustreres. Den tanke er ikke helt forstummet endnu, så hvis du skulle have et talent eller ønske om at illustrere dem, så modtager jeg gerne dine forslag.

Men i bund og grund er jeg er blot taknemmelig for, at du har valgt at prøve at fordybe dig i mine digte. Må de have en god indvirkning på dig og din hverdag.

God læse-, tanke- og diskussionslyst.

Uden tvivl, jeg er fortabt

Jeg har tabt min tvivl.
Det er uden tvivl.
Jeg ved altid, hvad som er bedst.
Intet står længere til test.
Verden har et facit, som er lig mit.
Alt er opdaget og intet frit.
Verden er på formel.
Intet ubeskriveligt.
Jeg har tabt min tvivl.
Uden tvivl, jeg er fortabt.

Jeg elsker min krop

Jeg elsker min krop.
Men er den egentlig et flop?
Ser jeg på mine venner,
ser jeg mange gode ender.

Skal man få løftet en pat?
Mine øjenbryn lidt højere sat?
Nej, jeg vil hellere lade vær'.
Folk må ta' mig som jeg er.

ANTI-FATALIST

Min skæbne er lagt,
jeg kan ikke gøre noget.
Hvor end jeg kigger hen,
er det kedeligt og broget.

Sådan må det være,
for en determinist.
Men jeg siger nej!
Verden er i farver.
Og jeg er anti-fatalist.

KVINDEVÆLDE

Kvinder er dejlige,
kvinder er skønne.
Jeg ville ikke leve uden deres ynde.
Men ud fra hvad jeg kan dømme,
er der snart en moster,
på alle landets vigtigste poster.

OM YTRINGSFRIHED

"Jeg kræver min ytringsfrihed.
Det er min folkeret.
Selv hvis andre må føle,
at de blir' truffet med en bajonet."

Denne holdning gør mig vred.
Jeg væmmes ved dens selvtilstrækkelighed.
Kun tåber kan ikke forstå,
at unuanceret ytringsfrihed gør alle bittesmå.

VERDENS LYKKELIGSTE MAND

Jeg er verdens lykkeligste mand.
Faktisk går det udover min forstand.
Det er egentlig utrolig at man kan.
Men jeg ER verdens lykkeligste mand.

HVAD SKAL VI MED MÆND?

Hvad skal vi med mænd?
De er kun til besvær.
Hvad skal vi med mænd?
Er de det hele værd.
Hvad skal vi med mænd?
Et barn laver vi selv.
Hvad skal vi med mænd?
De keder os ihjel.
Hvad skal vi med mænd?
De er klodser om vores ben.
Hvad skal vi med mænd?
Lad os for dem, rejse en mindesten.

TAG DIG SAMMEN, MAND!

Kvinder er kloge.
Mænd er dumme.
Kvinder kan selv.
Mænd bydes farvel.

Eller...

Kvinder er kloge.
Mænd er dumme.
Kvinder kan selv.
Mænd skal slås ihjel.

ÅRSTIDERNES SKIFTEN

Mærk dem når de kommer.
"En nat bli' det sommer"*.
En morgen er klar som krystal.
En middag orange med løvfald.
En formiddag det igen spirer.
Årstiderne os alle befrier.

---

*   *Sætningen er inspireret af sangen 'En Nat Bliver Det Sommer' af Love Shop.*

ORD OM ORD

Ord summer i mit hoved.
Det er fantastisk hvad ord kan.
De kan danne en ode,
og de kan skabe et land.
Ord kan også gøre vold,
og de kan danne sammenhold.

Ord de splitter, ord de samler.
Ord har en utrolig magt.
Men der er ikke noget værre,
end når man ikke kan få ordene sagt.

Jeg har ondt af dem som ikke kan,
få ordene over sine læber.
Hvem har bestemt at i dette land,
er mangel på ord noget som muligheder dræber?

Det store i det små

"Hovmod står forfald".
At vide bedst, er dit kald.
En dag er du på toppen,
en dag er du håret i suppen.
Men kan du se det store i det små,
er du ikke så let, at rokke på.

LIVET

Man starter med ble...
Man slutter med ble...

OM KØNSHÅR

Hvad ville du have, hvis du måtte?
En lille stribe eller en gigantisk måtte?

KÆRLIGHEDENS VÆSEN

"Kærligheden er tålmodig,
mild og misunder ikke.
Kærligheden tåler alt,
håber alt og udholder alt"*.
Men kærligheden stopper,
når den ene, med en anden
i sengen hopper.

---

*   *Frit efter Paulus første brev til Korintherne, kapitel 13, vers 4 til 7.*

HVAD SKAL MAN TAGE SIG TIL?

Hvad skal jeg gøre?
Jeg ku' løbe mig en tur.
Men egentlig tænker jeg mest på,
at tage mig en lur.
Hvis mine børn spørger, svarer jeg:
"Det vigtigste at gøre;
er det som glæder dig!"

LIVET, HVAD SKAL DET NYTTE?

Livet, hvad skal det nytte?
Skal man være sig selv,
eller ha' en fast støtte?
Én ting som for mig er soleklart:
Et liv uden min hustru,
er et liv, i den forkerte toneart.

KRIG OG FRED

Krig og fred,
lad os prøve at skille dem ad.

For hvorfor starte en krig,
når kun tabere står tilbage,
når krigen er forbi?

Hvorfor overhovedet stille spørgsmål til fred?
Når fred er dét, som alle har det bedst med.

Corona tanker

Corona-tanker,
Corona-lænker.
Mens vi venter, sidder jeg og tænker,
på de dage vi ikke var i 'lænker'.
Ensomhed. Isolation.
Hvad skal det hele bringe?
Et håb om snarlig 'absolution',
tilbage til livet uden restriktion.

TEKNOLOGISK ARBEJDSLØSHED

Der er så meget at lave,
både det store og noget småt.

Jeg ville meget gerne,
og kunne vel også godt.

Men det hele er nu meget lettere,
hvis det gøres af en robot.

PSEUDOARBEJDE

Jeg har travlt!
Jeg holder mange møder.
Jeg skriver mails, til mine negle bløder.

Jeg er vigtig!
Men I alle bliver fintet.
I bund og grund, producerer jeg intet...

November, November, November

November, November, November.
Er du nu også så slem?
Jeg synes i hvert fald ikke,
at du skal sendes hjem.*

---

*   *Med kærlig reference til Henrik Nordbrandts digt 'Året har 16 måneder'.*

TIDERNE SKIFTER

Tiderne skifter, klimaet skifter.
Normalt er vinteren mere bister.
Nu er vinteren varm for os bilister.
Men skidt nu med dét,
nu køber jeg sgu' en cabriolet.

Den sidste vinter

Jeg kaster mig en snebold.
Det gør jeg kun, når det er koldt.
Måske er denne blandt de sidste vintre,
på den måde klimaet sig ændrer?

JEG ER SUR

Jeg er sur,
alting er irriterende.
Sig ikke noget til mig,
det går mig bare på nerverne!

Verden er smuk

Se dig omkring.
Verden er smuk.

Intet kan måle sig,
verdens prægtighed beundrer jeg.

ORDEKVILIBRISTEN

Hallo ord, kom nu frem,
jeg ved du er derinde.
At mangle ord er meget trist,
ikke hver dag er jeg ordekvilibrist.

OM FREMMEDORD

Meget kan siges
på mange måder.
At bruge fremmedord
kan spidde meningen 100%.

Men bruges fremmedord,
for fremmedordenes skyld.
Skaber det afstand,
og man kan stå tilbage og føle sig glemt.

Terapeuten

Jeg lever og er, det er et stort held.
Jeg siger mine problemer højt,
og så løser de sig selv.
Det er en følelse, som er så skøn.
Det er måske hvad, man kalder en bøn.

SVINEHUNDEN

Pas på. Den er der!
Et sted derinde.
Svinehunden.
Grundlaget for al ondsind,
den suboptimerende adfærd,
griskhed, selvoptagethed,
racisme, xenofobi.
Vid den er der, den er altid intakt.
Men er du opmærksom,
kan du holde den i skak!*

---

* *En hyldest til Jens Galschiøt, som i 1993 lavede Europas største*
kunsthappening ved at opsætte 22, tonstunge betonskulpturer i tyve
byer i Europa.

Billede af Jens Galschiøt skulptur 'Min indre svinehund', bragt med velsignelse fra kunstneren selv.

SAMFUNDSSIND

Selvom vi skal holde afstand,
og ikke må lukke hinanden fysisk ind.
Så er vi rykket tættere sammen.
Vi rører hinanden med i vores samfundssind.

Ubrugelige digte

"Jeg ser en film,
gardinerne er trukket fra.
Stemningen er god og luften er klar".

Med sådanne ord, har jeg læst mange digte,
og alle må tænke som man vil.
Men jeg tænker blot:
Hvad skal jeg dog bruge dem til?

HØR HVOR KLOG JEG ER

Fuck, hvor er jeg klog.
Jeg hører P1 og læser en bog.

Jeg kan sige en masse kloge ord,
helt uden de betyder spor.

Faktisk mine omgivelser jeg plager.
Men hvad gør det? Jeg er udpræget 'selvoptager'.

TAKNEMMELIGHED

"Alle omkring mig er idioter,
hverdagen er lort.
Der sker aldrig noget spændende,
og der så meget jeg ikke får gjort..."

Nej, det er dig som er en idiot,
hvis du ikke er taknemmelig for dit liv!
Det er op til dig, at få det bedste ud af det,
og ikke behandle det som tidsfordriv.

Evig kærlighed

– Jeg elsker dig skat
– Jeg elsker også dig.
– Jeg kan ikke leve uden dig
– Jeg kan heller ikke leve uden dig.
– Du fuldender mit liv, jeg ville ikke være den samme uden dig
– Du fuldender også mig.
– Du gør mig så lykkelig
– Du gør også mig lykkelig.

Min elskede

Min elskede, du er så fin,
jeg er så glad for du er min.
Vi er så perfekte sammen,
du er min fryd og min gammen.
Jeg vil gå til verdens ende med dig,
intet andet interesserer mig.
Når vi er sammen så...
"Skat, vågn op, du skal hjem.
Vi ses i næste uge, igen."

Jeg er bange, det er min skyld

"Du skal nok blive lykkelig.
Du har alle muligheder,
verden står åben foran dig."
Tidligere var verden mere lagt i rammer.
Det var tydeligere hvad som forventedes af dig.
Nu er alt muligt, og hvis du ikke lykkes er det din egen skyld.
"Du har alle muligheder. Det er dit ansvar at udnytte dem maksimalt."
Så hvis du ikke bliver lykkelig eller noget helt specielt, så er det din egen skyld.
"Du havde jo alle muligheder, verden lå åben foran dig."
Jeg er bange... Fortæl mig hvad jeg skal.

NÅR JEG ER FULD

Jeg kan alt, når jeg er fuld.
Jeg kan tale med folk jeg ikke kender.
Jeg kan stå og gå på mine hænder.
Jeg kan tale flere sprog,
helt uden at blive flov.
Når jeg er fuld, er jeg gulvets bedste danser,
jeg giver mig så meget, jeg ingen om mig sanser.
Selv min jazzhånd synes ingen er sær!
Tømrermændene venter,
men de er det hele værd.

ER JEG GAMMEL?

Er jeg blevet gammel?
Jeg er ved at få grå hår.
Men jeg kan ikke se det på mine år.
Jeg ser på robotplæneklipperen når den klipper.
Jeg roligt til rosevin nipper.
Jeg er holdt op med at tage noget for givet.
Er jeg blevet gammel?
Nej, jeg nyder bare livet.

"TALEBLOMSTER"

Lev vel
Øvelse gør mester
Der er en regning at betale
Vi skal alle dø
Vore børn er vor fremtid
Der findes ikke problemer, kun udfordringer
Ja-hatten
Sammenhængskraft
Man kan hvad man vil
Vi finder en god løsning i morgen

Med andre ord:
"I virkeligheden er jeg bedøvende ligeglad"
Jeg brækker mig.

MENNESKER, DIG OG MIG

Når du ser tilbage blir' du forbavset.
Ku' jeg det?
Sku' jeg det?
Ville jeg det?
Hvordan kunne jeg dog klare det?

Det er utroligt hvad man kan når det gælder.
Du er sgu' utrolig
Du er sgu' vanvittig
Nej, vi er blot mennesker dig og jeg,
og vi mennesker kan kaste det utroligste af sig!

JEG MÅ HA' ET MÅL!

Hvad skal jeg nå? Nu jeg har nået det hele, hvad skal jeg nu nå?
At have et mål er drivkraft.
At være i mål er gift for mig.
Jeg er nødt til at have et mål.
Jeg kan ikke være tilfreds,
det må jeg simpelthen hen ikke.
Men hvad skal mit mål nu være?
Nu havde jeg det lige så godt,
på vej mod mit mål.
At nå målet var det værste som kunne ske.
Nu kan jeg bare læne mig tilbage.
Nu er der ikke mere at stræbe efter.
Ikke noget at opnå. At nå op til.
Shit, jeg mangler et mål.
Uden mål har jeg ikke et formål.
Men at finde sig et mål er svært.
Hvad mangler jeg?
Hvad vil jeg gerne være?
Hvem vil jeg gerne være?
Hvad vil jeg gerne udrette?
Jeg vil ikke være "ham som er nået i mål".
Så kan jeg ligeså godt ligge mig til at dø.
Jeg lever ikke for at opnå mine mål.
Jeg lever for processen hen imod mit mål.
Så hvad er jeg, nu jeg er kommet i mål?
Jeg må finde mig et nyt mål!
Indtil da er jeg blot en menneskelig skal.
Uden retning, uden følelser, uden formål, uden et mål forude.

GØR MIG SPECIEL

"Hvad søger du?"
"Jeg søger ikke nogen specielt.
Jeg søger blot en at tale med,
– en som kan få mig til at føle mig speciel".

U-TROSBEKENDELSEN

Vi forsager fællesskabet og alle dets gerninger og alt dets væsen.
Vi tror på det frie liv, den selvopfyldende almægtighed, egois-
mens skaber.
Vi tror på os selv, resultatet af et individualistisk samfund, hvor
ingen skal svare overfor andre, kun sig selv.
Vi dømmer gerne levende og døde, helt uden at kende nogen eller
noget.
Vi tror på os selv, alene, almægtige, det almægtiges samfund,
glæden og sammenholdets forladelse, livets fordærv og den
evige fortabelse.

Stakler: Fælleskabet er livet!

TANG PING

Jeg melder mig ud.
Jeg gider ikke mere.
Jeg vil ikke mere være under pres.
Tang ping.
Jeg 'ligger mig fladt'.